Das didaktische Konzept zu Sonne, Mond und Sterne
wurde mit Prof. Dr. Manfred Wespel, Pädagogische Hochschule
Schwäbisch Gmünd, entwickelt.

Beim Druck dieses Produkts wurde
durch den innovativen Einsatz der
Kraft-Wärme-Kopplung im Vergleich
zum herkömmlichen Energieeinsatz
bis zu 52% weniger CO_2 emittiert.
Dr. Schorb, ifeu.Institut

MIX
Papier aus verantwor-
tungsvollen Quellen
FSC® C011124

© Verlag Friedrich Oetinger GmbH, Hamburg 2011
Alle Rechte vorbehalten
Titelbild und farbige Illustrationen von Alexander Bux
Reproduktion: Domino Medienservice GmbH, Lübeck
Druck und Bindung: Mohn media · Mohndruck GmbH, Gütersloh
Printed 2011
ISBN 978-3-7891-0736-8

www.oetinger.de

Manfred Mai

Ritterfest
auf Burg Hohenstein

Bilder von
Alexander Bux

Verlag Friedrich Oetinger · Hamburg

Inhalt

1. Der Wunsch nach Abenteuern

„Erzähl uns von früher!" Matthias
sah seinen Vater erwartungsvoll an.
Es war Abend und die Familie hatte sich vor
dem Kaminfeuer versammelt: Matthias und
seine große Schwester Katharina, Ritter Martin
und dessen Gemahlin.
Ritter Martin hatte schon als Knappe auf
Burg Hohenstein gelebt und viele Abenteuer
bestanden. Matthias und seine Schwester
liebten es, wenn er davon erzählte.
„Also gut", begann der Ritter. „Einmal wurde
unsere Burg belagert. Niemand kam mehr
hinaus und niemand hinein. Doch bald gingen
die Vorräte zur Neige. Wenn wir nicht alle
verhungern wollten, musste dringend etwas
geschehen. Aber was?"

„Und? Habt ihr gekämpft?", fragte Matthias.

„Die Belagerer waren zu viele", entgegnete der Vater.

„Eine List", murmelte Katharina. „Ihr hättet es mit einer List versuchen können."

„Kluges Mädchen", lobte der Vater sie. „Mein Freund Siegfried und ich wussten etwas: Es gab einen Geheimgang, der aus der Burg führte. Aber der Gang endete mitten zwischen den Zelten der Belagerer. Trotzdem wollten wir es wagen und haben uns in der Dunkelheit heimlich hinausgeschlichen. Ein Wachmann ist auf uns aufmerksam geworden. Aber wir haben laut gegrunzt. Da hat er gedacht, wir seien Schweine."

„Das war schlau!" Katharina lachte.

„Und dann? Habt ihr dann gekämpft?", fragte Matthias.

„Dann haben wir Hilfe geholt und die Belagerer in die Flucht geschlagen", erzählte der Vater weiter.

„So etwas möchte ich auch mal erleben", sagte Matthias.

„Aber, Junge!" Die Mutter schüttelte den Kopf.

„Eine Belagerung ist eine schlimme Sache. Gott verhüte, dass das jemals wieder passiert."

„Das war wirklich ein gefährliches Abenteuer. Siegfried und ich haben damals ziemlich viel Angst gehabt", gab der Vater zu.

„Aber ihr habt wenigstens ein Abenteuer
erlebt", murmelte Matthias. „Jetzt ist hier gar
nichts los."
Der Vater strich ihm über den Kopf. „In zwei
Wochen wird bei uns allerhand los sein ..."
„Was denn?", fragte Matthias.
„Rate mal!", sagte Ritter Martin geheimnisvoll.
„Ich will nicht raten", rief Matthias ungeduldig.
„Sag's mir!"
„Ein Turnier?", vermutete Katharina.
„Richtig, ein Ritterfest mit Turnier", bestätigte
der Vater.
Matthias riss die Augen auf. „Ein ... ein
richtiges Turnier ... mit ... mit allem?"
Der Vater lachte. „Ja, mit allem!"
„Das ist ..." Matthias fehlten die Worte.

Er hüpfte wie von Sinnen durch den Raum und schlug Purzelbäume.

„Matthias, nun beruhige dich mal wieder!", mahnte die Mutter.

Das fiel Matthias schwer. Nicht nur an diesem Abend, sondern auch in den darauffolgenden Tagen.

Ritter Martin versprach seinem Sohn, bei dem Turnier auch einen Wettbewerb für Jungen durchzuführen. Dabei sollten sie mit Pfeil und Bogen auf Scheiben schießen. Eine weitere Aufgabe bestand darin, im Laufen mit einer kurzen Lanze Ringe in der Luft aufzuspießen. Matthias wollte den Wettbewerb unbedingt gewinnen. Er übte täglich dafür. Katharina beobachtete ihn ab und zu dabei.

Einmal stolperte Matthias bei dem Versuch, einen Ring aufzuspießen. Er landete auf dem Bauch und schämte sich. Katharina musste lachen.

„Lach nicht so blöd!", rief Matthias.

„Das hat so lustig ausgesehen!", verteidigte sich Katharina.

„Verschwinde!", sagte Matthias.

Katharina verschwand nicht. Sie griff nach der Lanze. Matthias schubste sie weg.

„Ich will auch mal!", wehrte sich Katharina.

„Du bist doch ein Mädchen", gab Matthias zurück.

„Na und?" Katharina stellte sich an die Start-linie, hob die Lanzen-Spitze hoch und lief los. Sie zielte auf den ersten Ring – und verfehlte ihn nur knapp.

„Du kannst das nicht", behauptete Matthias. „Gib die Lanze wieder her!"

Katharina hörte nicht auf ihn, sondern lief von der anderen Seite los. Diesmal erwischte sie den Ring. „Ich hab ihn! Ich hab ihn!", rief sie stolz.

„Du darfst trotzdem nicht mitmachen", sagte Matthias schnell. „Das dürfen nur Jungs." Katharina stiegen Wut-Tränen in die Augen, weil sie das sehr ungerecht fand.

2. Rund um den Turnierplatz

Auf dem Turnierplatz unterhalb der Burg herrschte emsiges Treiben. Handwerker bauten eine Tribüne auf. Dort sollten die hohen Gäste aus nah und fern sitzen. Auf den Wiesen um den Platz herum wurden Zelte aufgestellt. Dazwischen gab es Stände mit Speisen und Getränken.
Zu dem Turnier erwartete man neben den vielen Rittern auch Gaukler, Minnesänger und Schauspieler. So wurde ein Turnier zu einem richtigen Volksfest.

Einen Tag vor Beginn traf Ritter Siegfried mit seiner Frau und seinem Sohn Leonhart auf Burg Hohenstein ein. Ritter Martin freute sich sehr, seinen besten Freund wiederzusehen.

Siegfried und seine Familie waren stets
willkommene Gäste auf der Burg.
„Komm mit, ich zeige dir den Turnierplatz",
sagte Matthias zu Leonhart.
„Wartet!", rief Katharina. „Ich komme auch mit."
Aber die Jungen wollten sie nicht dabeihaben.

Auf dem Turnierplatz und drum herum gab es
viel zu sehen.
Ein Junge lief auf den Händen, ein anderer
jonglierte mit drei Bällen aus Stoff. Ein Musiker
spielte auf seiner Laute und sang dazu.
„Schau mal, dort!" Leonhart stieß Matthias
in die Seite. „Ein Bär!"

Matthias staunte nicht schlecht. Der Bär hatte einen Eisenring in der Nase und war an einen Pfahl gekettet. Ein Mädchen spielte auf einer Flöte und der Bär drehte sich dazu im Kreis. Neben ihm stand ein Mann mit einer Stange, in der vorne ein Nagel steckte.

„Das ist ein Tanzbär", sagte Leonhart leise.

„Aber richtig tanzen kann der nicht", meinte Matthias. „Der tappt eher herum, als hätte er ein paar Gläser Wein getrunken."

Plötzlich blieb der Bär stehen und brummte. Sofort pikste ihn der Mann von hinten mit dem Nagel in die Füße. Das Tier warf den Kopf zurück, schnaubte laut und bewegte sich wieder im Kreis.

Die Jungen verzogen das Gesicht.

„Das tut dem Bären doch weh!", sagte Matthias empört. In diesem Augenblick hörte das Mädchen auf zu spielen. Der Bär blieb stehen und brummte.

„Gut gemacht, Waldo!", lobte der Mann und warf ihm ein Stück Brot zu. Waldo ließ sich

14

auf die Vorderpfoten herab und verschlang
das Brot.

„Noch eine Runde!", befahl der Mann und
nickte dem Mädchen zu.

Es spielte die gleiche Melodie wie zuvor.
Waldo stellte sich wieder auf die Hinterbeine
und „tanzte".

„Na also", sagte der Mann zufrieden.
Diesmal bewegte sich der Bär, bis die Flöte
verstummte. Wieder belohnte der Mann ihn
mit einem Stück Brot.

„Wenn Waldo alles richtig macht, bekommt er Brot", flüsterte Leonhart. „Wenn er etwas falsch macht, wird er gepikst."

„Das tut ihm doch weh!", wiederholte Matthias.

„Aber so lernt er, was er tun soll", sagte Leonhart und zog die Schultern hoch. „Komm, wir gehen!"

„Es ist trotzdem gemein", sagte Matthias leise. Sie gingen weiter. Matthias schaute noch einmal zu dem Bären zurück. Waldo tat ihm sehr leid.

Aber schon bald hatte er das Tier vergessen. Es gab so viel zu sehen!

Vor einer bunten Holzwand stand ein Mädchen, das kaum älter war als Matthias und Leonhart.

„Bist du bereit?", fragte ein Mann, der fünf Schritte von ihr entfernt stand. Er trug einen langen schwarzen Schnurrbart und hatte jede Menge Messer in der Hand.

Das Mädchen nickte.

Der Mann zielte und warf die Messer

nacheinander in die Holzwand. Sie landeten
im Abstand von ein paar Fingerspitzen neben
dem Körper des Mädchens.
Die Jungen zuckten bei jedem Wurf
zusammen.

„Verbeugen, Grete!", rief der Mann. „Nach
dem letzten Wurf musst du lächeln und dich
verbeugen! Das weißt du doch!"
Das Mädchen lächelte Matthias und Leonhart
zu und verbeugte sich.

Der Mann drehte den Kopf und sah die Jungen. „Ach so", sagte er, „du wurdest abgelenkt." Er winkte Matthias und Leonhart zu sich. „Meine Grete ist ein tolles Mädchen, nicht? Seid ihr auch so mutig? Wer von euch wagt es, sich vor die Holzwand zu stellen?" Matthias wich schon bei dem Gedanken ein Stück zurück.

„Na, was ist?", fragte der Messerwerfer. „Ihr seid doch tapfere Jungs und wollt bestimmt Ritter werden." Er lächelte. „Da werdet ihr doch jetzt nicht kneifen, dazu noch vor den Augen eines Mädchens!"

„Ich ... äh ... wir ... müssen weiter", stammelte Matthias.

„Ach, jetzt habt ihr es plötzlich eilig", sagte
der Messerwerfer.

„Ich trau mich nicht", gab Leonhart zu.

„Das finde ich sehr mutig von dir", sagte der
Messerwerfer.

„Hä?", rutschte es Leonhart heraus.

Und auch Matthias verstand nun gar nichts
mehr.

„Du hast vor meiner Tochter und mir und vor
deinem Freund einfach so zugegeben, dass du
dich nicht traust. Das finde ich mutig", erklärte
der Messerwerfer. „Sogar sehr mutig."

Leonhart senkte verlegen den Blick.

„Aber ihr könnt euch ohne Angst vor die
Holzwand stellen", sagte jetzt Grete. „Mein
Papa ist der beste Messerwerfer der Welt."

Sie hat eine schöne Stimme, dachte Matthias.
Gar nicht die Stimme von einer, die sich mit
Messern bewerfen lässt, ohne mit der Wimper
zu zucken.

„Danke für das große Lob", sagte der Messerwerfer und verbeugte sich vor seiner Tochter.

Leonhart schüttelte ängstlich den Kopf.

„Und du?", fragte Grete Matthias.

„Ich trau mich auch nicht", murmelte Matthias.
Er fühlte, dass er ein bisschen rot wurde, und
senkte den Kopf.

„Dafür zeigen wir euch nun noch etwas ganz
Besonderes", sagte der Messerwerfer und
nickte Grete zu. Er stellte sich mit der linken
Fußspitze genau hinter einen Punkt aus
Sägemehl.

Grete holte ein Tuch aus einem Korb. Sie
verband ihrem Vater die Augen. Dann ging
sie wieder zur Holzwand.

„Nein!", rief Matthias. „Nicht werfen!"

„Pssst!", machte Grete.

„Bist du bereit?", fragte ihr Vater.

„Ich bin bereit!", sagte Grete feierlich.

Schon sauste das erste Messer durch die Luft.
Leonhart schlug die Hände vors Gesicht.
Matthias schaute mit offenem Mund und
großen Augen zu.

Messer um Messer zischte neben Grete ins

Holz, ohne dass sie auch nur ein Mal zuckte.
Nach dem letzten Wurf riss sich ihr Vater das
Tuch von den Augen. Er sah erst Grete, dann
die Jungen an. Leonhart hatte immer noch die
Hände vor den Augen. Matthias stieß ihm den
Ellenbogen in die Seite.
„Jetzt hat der Kerl doch tatsächlich meine
Meisterwürfe nicht gesehen!", rief der
Messerwerfer. „Dabei habe ich die Nummer
extra für ihn und seinen Freund gemacht!"
Zögernd nahm Leonhart die Hände herunter
und schaute in Richtung Holzwand. Als er
Grete unverletzt dort stehen sah, atmete er
erleichtert auf. „Dass du dich das traust!",
sagte er.

Er war genauso beeindruckt wie Matthias.

„Ich hab doch gesagt, dass meine Grete ein tolles Mädchen ist", sagte der Messerwerfer stolz.

„Und wer seid ihr?", fragte Grete.

Matthias und Leonhart stellten sich vor.

„Ihr wohnt in der Burg!", sagte Grete. „Ich war noch nie in einer Burg, immer nur davor auf dem Turnierplatz."

„Wenn du willst, zeige ich dir die Burg", bot Matthias schnell an.

Gretes Augen weiteten sich. Sie schaute zögernd zu ihrem Vater.

„Für heute haben wir genug geübt", sagte der Messerwerfer. „Wenn du möchtest, darfst du mitgehen."

Grete hüpfte vor Freude und gab ihrem Vater einen Kuss.

3. Hilfe, ein Gespenst!

Als die drei über den Burghof gingen, kam
Katharina ihnen entgegen.

„Was ist denn das für ein Mädchen?", fragte
sie.

„Das ist Grete", antwortete Leonhart, „das
mutigste Mädchen der Welt. Sie hat keine
Angst, wenn ihr Vater mit Messern nach ihr
wirft."

Katharina musterte Grete von oben bis unten.
Grete war das unangenehm, das sah man.
Matthias nahm sie schnell am Arm und zog sie
weiter. Katharina sagte „Pfff!" und lief in die
andere Richtung davon.

„Da oben auf den Mauern ist der Wehrgang“,
erklärte Matthias. „Da stehen immer die Wach-
Soldaten.“

„Warum?“, fragte Grete.

„Die müssen aufpassen, falls Feinde
angreifen“, sagte Leonhart.

„Ist das denn schon mal geschehen?“
Matthias nickte. „Als mein Vater klein war.“

„Und dann?“, wollte Grete wissen.

„Sein Vater und mein Vater sind durch einen
Geheimgang aus der Burg geschlichen und
haben Hilfe geholt“, antwortete Leonhart.

„Den Geheimgang möchte ich sehen. Bitte!“,
sagte Grete sofort.

Matthias führte Grete und Leonhart zum Keller,
der unter der Küche lag.

„Hier ist es aber duster", flüsterte Grete. „Und unheimlich."

„Aha, jetzt hast du auch mal Angst", sagte Leonhart.

Matthias fand das ein bisschen gemein. Schließlich war es hier unten wirklich unheimlich.

Sie hörten hinter sich ein Geräusch.

„Was war das?", fragte Leonhart leise.

„Huhu! Huhu!", kam es als Antwort.

„Hilfe, ein Gespenst!", rief Grete und klammerte sich an Matthias. Matthias sah etwas Weißes vor sich. Er spürte, wie seine Knie weich wurden.

„Hihi, hihi!", lachte das Gespenst. „Jetzt seid ihr verloren! Jetzt könnt ihr hier unten vermodern. Hihihi!"

Mit dem letzten grässlichen Lachen entfernte sich das Gespenst. Es warf die Tür hinter sich zu und verriegelte sie.

„Hihi!", hörte Matthias es in der Ferne lachen. Dann war es totenstill. Die Kinder atmeten kaum noch.

„Ich will hier raus!", flüsterte Grete.

„Hilfe!", rief Matthias. Zuerst noch leise, dann lauter. „Hilfe! Lasst uns raus!"

Grete und Leonhart stimmten ein.

Erleichtert hörten sie Schritte draußen vor der Tür. Das waren keine Gespenster-Schritte! Eine Küchenmagd öffnete die Tür. „Was macht ihr denn dadrin?", fragte sie erstaunt.

„Ein Gespenst hat uns eingesperrt", stammelte Leonhart.

„Ein Gespenst?" Die Küchenmagd stemmte die Hände in die Hüften. „Du willst mich wohl veralbern!"

„Nein, ganz bestimmt nicht", beteuerte
Leonhart. „Es war ein Gespenst."
„Ich hab es auch gesehen", sagte Grete.
„Wer bist denn du?", fragte die Magd.
„Sie ist die Tochter des Messerwerfers",
antwortete Matthias.
„Und was macht sie hier unten im Keller?",
wollte die Küchenmagd wissen.
„Wir wollten ihr den Geheimgang zeigen."
„Geheimgang? Erst ein Gespenst und nun ein
Geheimgang", sagte die Küchenmagd. „Jetzt
reicht's! Ihr habt zu viel Phantasie! Raus mit
euch, spielt woanders!"

Matthias war froh, als sie wieder im Burghof standen. Der Schreck saß ihnen allen noch in den Gliedern.

Plötzlich tauchte Katharina wie aus dem Nichts neben ihnen auf. „Was ist denn mit *euch* los?", fragte sie. „Ihr seht so blass aus."

„Im Keller ... im Keller war ein Gespenst", stammelte Leonhart wieder.

Katharina grinste und tippte sich an die Stirn.

„Du brauchst gar nicht so blöd zu grinsen!", giftete Matthias seine Schwester an. „Frag doch Grete, wenn du uns nicht glaubst! Wir haben es alle gesehen."

„Schade jedenfalls, dass ich nicht dabei war", sagte Katharina. „Dem Gespenst hätte ich gerne mal die Hand gedrückt."

Matthias zeigte ihr einen Vogel.

„Du beschwerst dich immer, dass hier nichts los ist", sagte Katharina. „Du willst doch immer Abenteuer erleben. Jetzt war hier mal was los, und du beschwerst dich schon wieder."

„Blöde Kuh!", sagte Matthias.

Katharina erwiderte nichts. Sie lächelte, drehte sich um und ging. „Na, Grete, hast du bald genug von den Angsthasen?", rief sie noch. Dann verschwand sie hinter einer Burg-Ecke. Grete blickte ihr nachdenklich hinterher.
„Ich kann mir schon denken, wer hinter dem Gespenst steckt", sagte sie.

4. Der Ring-Wettkampf

Am nächsten Tag begann das Turnier. Die
Tribüne füllte sich schnell und die Teilnehmer
auf dem Kampfplatz machten sich bereit.
Dann erschien Ritter Martin mit seiner
Gemahlin. Neben ihm gingen Siegfried und
seine Gemahlin. Sie begaben sich zu den
Ehrenplätzen. Der Herold blies in sein Horn
und alles wurde still. Ritter Martin erhob sich
und begrüßte seine Gäste. Er wünschte allen
Teilnehmern viel Glück bei den Wettkämpfen
und eröffnete das Turnier.
Der Turnierplatz war in verschiedene
Wettkampf-Stätten aufgeteilt: Direkt vor der
Ehrentribüne befand sich die Kampfbahn

für den Tjost. Beim Tjost mussten die Ritter versuchen, ihren Gegner mit einer langen hölzernen Lanze vom Pferd zu stoßen. Der Tjost war der wichtigste und beliebteste Wettkampf des ganzen Turniers.

In einigem Abstand gab es eine Schießbahn für die Bogenschützen, gleich daneben eine für die Lanzenwerfer. Am einen Ende des Platzes befand sich das Feld für die Nahkämpfer. Hier standen sich Männer mit dem Schwert gegenüber. Am anderen Ende war ein Gestell mit Ringen aufgebaut worden. Die mussten im Galopp aufgespießt werden.

Die Wettkämpfe für die Jungen sollten in den Pausen stattfinden. Deswegen konnten Matthias und Leonhart da und dort zuschauen. Anfangs war auch Grete noch bei ihnen. Später rief Gretes Vater nach ihr. Schließlich musste er seine Kunst zeigen, um Geld zu verdienen.

Nur von Katharina fehlte jegliche Spur. Aber Matthias wunderte sich nicht weiter darüber. Es gab ja so viel zu erleben!

Der Herold blies erneut in sein Horn und rief alle Ritter vor die Ehrentribüne, die am Tjost teilnehmen wollten. Von allen Seiten kamen sie angeritten. Sie stellten sich nebeneinander auf und verbeugten sich. Dann wurde ausgelost, wer in der ersten Runde gegen wen kämpfte.

Matthias stieß Leonhart an. „Was meinst du, wer gewinnt?"

Leonhart überlegte nicht lange: „Der Ritter mit dem roten Umhang."

„Den mit dem Adler auf dem Helm kenne ich",

sagte Matthias. „Das ist Ritter Ulrich von
Wildeneck. Der ist berühmt für seine Zwei-
kämpfe. Ich glaube, der gewinnt."
Matthias und Leonhart lagen nicht schlecht.
Beide Ritter stießen ihren ersten Gegner ohne
große Schwierigkeiten vom Pferd. Auch in
der zweiten Runde blieben sie ungeschlagen.
Damit waren sie unter den letzten acht.

Bevor ausgelost wurde, wer gegen wen antrat,
gab es eine Pause. Der Herold blies ins
Horn, und Ritter Martin kündigte den ersten
Wettkampf für die Jungen an: das Aufspießen
von Ringen mit der Lanze.

Zwölf Jungen stellten sich vor der Ehrentribüne auf und verbeugten sich. Matthias und Leonhart waren natürlich auch dabei. „Viel Glück!", rief Ritter Martin ihnen allen zu. Dann führte ein Helfer die Jungen zur Startlinie und erklärte die Regeln: „Jeder von euch hat drei Versuche. Es zählen nur die Ringe, die ihr im Laufen mit der Lanze wirklich aufspießt. Wenn ein Ring zu Boden fällt, zählt er nicht. Ich werde genau aufpassen. Habt ihr noch eine Frage dazu?"

Die Jungen waren viel zu aufgeregt, um Fragen zu stellen. Sie wollten endlich anfangen.

Der Helfer gab das Startzeichen.

Matthias lief als Erster los und spießte den Ring auf. Nach ihm war Leonhart an der Reihe. Auch er erwischte den Ring. Genau wie sechs andere Jungen.

Für die zweite Runde wurde der Ring ein Stück höher gehängt. Diesmal schafften es nur fünf Jungen, ihn aufzuspießen. Darunter war auch Matthias.

„Mist!", schimpfte Leonhart. Er hatte den Ring nur gestreift. „Aber den nächsten treffe ich wieder!"

„Möge das Glück mit dir sein", sagte Matthias. Im Stillen wünschte er sich selbst aber noch mehr Glück als seinem Freund. Er wollte ja gewinnen!

Nach der dritten Runde hatten zwei Jungen alle drei Ringe geschafft: Matthias und ein Unbekannter. Er hatte seine Mütze tief in die Stirn gezogen und sah etwas schmutzig aus.

„Kennst du den?", fragte Matthias seinen Freund.

Leonhart schüttelte den Kopf und schaute nur muffelig vor sich hin.

„Da wir noch keinen Sieger haben, müsst ihr noch einmal gegeneinander antreten", sagte der Helfer zu Matthias und dem Unbekannten.

„Dafür werden zwei Ringe hintereinander aufgehängt. Wer nach drei Versuchen die meisten Ringe aufgespießt hat, ist Sieger."

„Das werde *ich* sein", brummte Matthias.

Er schielte zu dem Unbekannten hinüber.

„Abwarten!" Es war das erste Wort, das Matthias von dem Unbekannten hörte.

Irgendwie kam ihm die Stimme bekannt vor …

„Du beginnst wieder", sagte der Helfer zu Matthias.

Matthias war mit seinen Gedanken noch bei dem Unbekannten und bei dessen Stimme, die ihn verwirrte. Er verfehlte beide Ringe.

„Verdammt!", fluchte er und stampfte wütend auf den Boden.

Der Unbekannte erwischte einen Ring und ging in Führung.

Beim zweiten Versuch war Matthias wieder bei
der Sache. Er schaffte aber trotzdem nur einen
Ring. Mit klopfendem Herzen beobachtete er
den Unbekannten. Und je länger Matthias ihm
zuschaute, desto mehr hatte er das Gefühl, ihn
zu kennen.
Der Unbekannte holte wieder einen Ring
herunter, blieb also in Führung.
Matthias sah jetzt nur noch die Ringe. Er lief
los … und spießte beide auf!

Noch hatte der Unbekannte die Chance auf
den Sieg. Dafür musste er bei seinem letzten
Versuch ebenfalls zwei Ringe aufspießen.
„Du schaffst es!", rief ein Zuschauer dem
Unbekannten zu.

„Bloß nicht ablenken lassen!", rief ein anderer.
Der Unbekannte lief los, hob die Lanzen-Spitze
hoch, zielte auf die Ringe – und verfehlte
beide.
„Oh, schade!", riefen ein paar Zuschauer.
Matthias jubelte. Leonhart kam angelaufen
und klopfte ihm auf die Schulter. Offensichtlich
hatte er sich inzwischen von seiner Niederlage
erholt.
Der Herold blies ins Horn.
„Wir haben einen Sieger!", verkündete der
Helfer und führte Matthias vor die Ehrentribüne.
„Gratuliere, mein Sohn", sagte Ritter Martin. Er
hängte Matthias die Sieger-Medaille um den
Hals. „Ich bin stolz auf dich."

Die Leute klatschten Beifall und Matthias
wurde ein wenig verlegen.
Dann wandte sich der Burgherr an den
Unbekannten: „Nimm doch bitte deine Mütze
ab. Man sieht ja dein Gesicht kaum."
Der Unbekannte zögerte.
„Was ist?", fragte Ritter Martin.
„Ich ... äh ..." Der Unbekannte hob die Hand,
griff nach dem Schild seiner Mütze und nahm
sie langsam vom Kopf.
„Das ist ... das ist ja ... Katharina!", rief
Matthias.

Ein Raunen ging durch die Zuschauer.

„Na, du bist mir vielleicht eine", sagte Ritter
Martin. Es klang nicht wie ein Tadel. Vielmehr
wie ein Lob. „Wie hast du das denn gelernt?"

„Ich habe heimlich geübt", gab Katharina zu.
Ritter Martin schaute seine Gemahlin an.

„Unsere Tochter ist nicht nur klug, sondern
auch sehr geschickt", sagte er.

„Aber Waffenspiele sind doch nichts für
Mädchen!", entgegnete sie.

„Ich finde es ungerecht, dass nur Jungen so
etwas dürfen", traute sich Katharina zu sagen.
„Deshalb wollte ich mitmachen und zeigen,
dass Mädchen das auch können. Vor allem
meinem Bruder wollte ich es zeigen!"

„Das ist dir gut gelungen", sagte der Ritter.
„Trotzdem schaust du ab jetzt wieder zu."
Katharina zog einen Schmoll-Mund. Aber
es war klar, dass sich Ritter Martin nicht
umstimmen ließ.

5. Ein hinterlistiger Kerl

Nach der Pause wurde ausgelost, wer nun beim Tjost gegeneinander kämpfen musste. Die Ehrentribüne war wieder bis auf den letzten Platz gefüllt. Und auch auf der anderen Seite drängten sich die Zuschauer, um die Entscheidung zu verfolgen. Unter ihnen waren Matthias, Leonhart und Katharina.

Ritter Ulrich und der Rote Ritter blieben auch in dieser Runde siegreich. Matthias und Leonhart freute das. Jetzt waren nur noch vier Ritter übrig und die Spannung stieg immer mehr.

Der Rote Ritter und sein nächster Gegner lieferten sich einen harten Kampf. Gleich der erste Lanzenstoß traf den Roten Ritter an der linken Schulter. Er wankte und konnte sich nur mit Mühe im Sattel halten.

„Puh!", machte Leonhart. „Das war knapp."

Beim nächsten Angriff wichen beide geschickt den Lanzen aus. Am Ende der Bahn wendeten

sie die Pferde und trieben sie wieder an.
Diesmal zielte die Lanzen-Spitze des Roten
Ritters auf den Kopf seines Gegners. Den
schien das zu verunsichern. Er beugte
sich nach vorn. Seine Lanze wackelte. Der
Rote Ritter nutzte die Unsicherheit aus. Er
beförderte seinen Gegner mit einem gezielten
Stoß gegen die Brust aus dem Sattel.

Die Zuschauer waren begeistert.
„Spitze!", rief Leonhart und ballte die Faust.
„Ich hab ja gesagt, der Rote Ritter gewinnt."

„Ritter Ulrich ist auch noch da", erwiderte
Matthias.
Und dem gelang es schon beim zweiten
Angriff, seinen Gegner vom Pferd zu stoßen.

Vor dem Endkampf erhielten die beiden Ritter
noch einmal die Gelegenheit, zu ihren Zelten
zu reiten. Somit konnten sie selbst und ihre
Pferde sich ein wenig ausruhen und stärken.
Matthias und Leonhart folgten ihnen, weil
sie neugierig waren. Sie wollten wissen, wie
sich die beiden Ritter auf den entscheidenden
Kampf vorbereiteten. Dabei fiel ihnen
auf, dass Ritter Ulrich seinem Knappen
etwas zuflüsterte. Der nickte, steckte einen
Gegenstand in sein Wams und schlich zum
Zelt des Roten Ritters. Die Jungen folgten ihm.
Ritter Ulrichs Knappe schaute sich um und
sah die Lanze hinter dem Zelt liegen. Er griff in
sein Wams, holte den Gegenstand heraus und
beugte sich über die Lanze.
„Was macht der denn da?", fragte Matthias.

„Ich glaube … ja, der sägt die Lanze an!",
flüsterte Leonhart entsetzt.

„Aber … aber … das ist ja", stammelte Matthias.

„Komm, schnell, das müssen wir deinem Vater
erzählen!"

Sie liefen zur Ehrentribüne und berichteten
Ritter Martin, was sie gesehen hatten.

„Seid ihr auch ganz sicher?", fragte der Ritter.
Die Jungen nickten.

„Hm", sagte Ritter Martin. „Wir wissen alle,
dass Ritter Ulrich sehr ehrgeizig ist. Aber
dass er so weit gehen würde …" Ritter Martin
schüttelte traurig den Kopf.

„Was tust du jetzt?", wollte Matthias wissen.
Sein Vater überlegte noch.
„Ich habe eine Idee", sagte er schließlich und
gab dem Herold ein Zeichen. Der blies zum
Endkampf ins Horn.
Wenig später kamen Ritter Ulrich und der Rote
Ritter vor die Ehrentribüne geritten.
Ritter Martin erhob sich und sagte: „Einem
alten Brauch zufolge tauschen die Ritter jetzt
ihre Lanzen. Dies gilt als Zeichen, dass es sich
um einen friedlichen Wettkampf handelt."
„Wie bitte?", rief Ritter Ulrich. „Von so einem
Brauch habe ich noch nie gehört!"

„Da ist dir wohl etwas entgangen", entgegnete
Ritter Martin. „Bei Turnieren auf Burg
Hohenstein gilt dieser Brauch jedenfalls."
„Ich denke gar nicht daran, die Lanzen zu
tauschen!"
„Warum denn nicht?", fragte Ritter Martin.
„Weil ich das noch nie getan habe und auch
heute nicht tue", brummte Ritter Ulrich. „Meine
Lanze bringt mir Glück."

„Auch ich finde das einen ungewöhnlichen
Brauch", sagte der Rote Ritter. „Und ich gebe
meine Lanze ebenfalls nur ungern in fremde
Hände." Er seufzte und gab dem Burgherrn
die Lanze.

Ritter Martin überprüfte sie und entdeckte die angesägte Stelle.

Plötzlich kam Bewegung auf den Platz. Ritter Ulrich gab seinem Pferd die Sporen und ritt davon.

„Was ist denn nun los?", fragte der Rote Ritter.

„Er ließ eure Lanze durch seinen Knappen ansägen", antwortete Ritter Martin. „Seht her!"

Ritter Martin brach die Lanze mit Leichtigkeit mitten auseinander.

„Das ist ja ...", stammelte der Rote Ritter.

„... eines Ritters nicht würdig", sagte der Burgherr. „Zum Glück waren mein Sohn und

48

der Sohn meines Freundes Ritter Siegfried besonders wachsam. Sonst hätte der Kerl mit diesem hinterlistigen Verhalten den Tjost gewonnen."

Die Leute klatschten Beifall. Matthias und Leonhart sahen sich an und wurden gleichzeitig stolz und verlegen.

„Unsere Söhne scheinen in unsere Fuß-stapfen zu treten", flüsterte Ritter Siegfried seinem Freund zu.

„Was könnten wir uns mehr wünschen?", sagte der Burgherr lächelnd. Dann wandte er sich dem Roten Ritter zu und erklärte ihn zum Sieger des Tjost. Die Leute klatschten, obwohl sie ein wenig enttäuscht waren: Es gab keinen Endkampf mehr.

„Ich geh zu Grete", sagte Katharina. „Ich will auch mal sehen, wie ihr Vater Messer wirft."

6. Der Bär

Matthias und Leonhart gingen mit Katharina.
Unterwegs kamen sie am Tanzbären vorbei.
Sie blieben stehen. Das Mädchen spielte
die Melodie, Waldo drehte sich auf den
Hinterbeinen im Kreis.
Plötzlich bekam Katharina einen Stoß in
den Rücken. Matthias sah einen Jungen
weglaufen, der auch am Ring-Wettkampf
teilgenommen hatte.
Katharina stolperte und fiel hin – direkt vor
Waldo! Der Bär blieb stehen und brummte.
Bevor jemand etwas tun konnte, ließ er
sich auf alle viere fallen und beschnupperte
Katharina.
„Katharina!", rief Matthias entsetzt.
Der Bären-Führer griff nach der Stange mit
dem Nagel und stach damit zu. „Waldo,
zurück!", rief er. „Zurück!"
Aber der Bär ließ nicht von Katharina ab.
„Hilfe! So helft ihr doch!", rief Matthias.

Schnell versammelte sich eine Schar Leute,
aber niemand wagte sich an den Bären heran.
Niemand traute sich, ihn an der Kette zurück-
zuziehen, nicht einmal der Bären-Führer selbst!

„Aus dem Weg!", rief eine Männerstimme.
„Los, aus dem Weg!"
Schnell bildete sich eine Gasse. Ein Messer
schwirrte durch die Luft und landete im Po
des Bären. Der stieß einen seltsamen Laut
aus, bäumte sich auf und versuchte, mit der
Vorderpfote das Messer zu erreichen. Der
Bären-Führer nutzte die Gelegenheit, packte
Katharina an der Hand und zog sie zu sich
heran.

Matthias stürzte dazu. „Katharina, sag doch was!", rief er.

Katharina schnappte nach Atem. „Er war so groß. Und seine Zähne waren so spitz", murmelte sie schwach.

Matthias betrachtete seine Schwester. „Hat er …"

In diesem Augenblick kamen ihre Eltern angelaufen.

„Katharina!", rief die Burgherrin mit ängstlicher Stimme und beugte sich über ihre Tochter. „Wie geht's dir? Tut dir etwas weh?"

„Hat er dich gebissen?", wollte Ritter Martin jetzt wissen.

Katharina schüttelte den Kopf.

„Kannst du aufstehen?", fragte die Mutter.

Katharina versuchte es und mit der Hilfe ihrer Eltern kam sie hoch.

„Sie ist mit einem großen Schrecken davongekommen", erklärte der Messerwerfer.

„Da haben wir ja noch mal Glück gehabt", sagte die Mutter erleichtert.

„Ohne den Messerwerfer wäre die Sache wohl nicht so gut ausgegangen", sagte eine Frau. „Die Wunde des Bären verheilt auch schnell wieder", fügte Grete hinzu. Sie stand inzwischen hinter Matthias.

Ritter Martin bedankte sich bei dem Messerwerfer und lud ihn und seine Tochter zum Festmahl auf der Burg ein.

Grete strahlte ihren Vater an. „Geben wir dann eine Extra-Vorstellung für Katharina?", fragte sie.

„Aber natürlich", antwortete ihr Vater.

Als Katharina das hörte, konnte sie schon

wieder lächeln. Sie mochte Grete, das sah man.
„Das wird ein schöner Turnier-Abend!", rief
Leonhart.
Auch Matthias freute sich darauf, das Ende
eines aufregenden Tages auf der Burg zu
feiern. Im Kreise seiner Familie und mit seinen
alten und neuen Freunden. Und mit einer
blinkenden Medaille um den Hals!

Hallo!
Ich bin Luna Leseprofi. Mit meinem
Ufo fliege ich durch das All.
Wenn ich lande, ist großer
Lesespaß angesagt.
Ich bin immer auf der Suche
nach neuen Lese-Freunden.

Finde die Antworten auf die
6 Fragen und fliege mit in meine
Internet-Welt mit vielen spannenden
Spielen und Rätseln.

Leserätsel

1. Was hat die Burg aus der Belagerung gerettet?

U: ein Kampf
K: eine List
P: ein Unwetter

2. Wann finden die Jungen-Wettkämpfe statt?

N: in der Pause

A: ganz zum Schluss

O: früh am Morgen

3. Wer ist „der Unbekannte"?

R: Ritter Siegfried

S: der Rote Ritter

A: Katharina

4. Vor dem Endkampf haben die Ritter die Gelegenheit …

N: … schwimmen zu gehen.

H: … zu tanzen.

P: … zu ihren Zelten zu reiten.

5. Wer ist der Sieger des Tjost?

K: Ritter Ulrich

P: der Rote Ritter

E: Ritter Martin

6. Wovor rettet der Messerwerfer Katharina?

E: vor dem Bären
D: vor den Belagerern
N: vor dem Gespenst

Lösung: ___ ___ ___ ___ ___ ___

Hast du das Rätsel gelöst?
Dann gib das Lösungswort unter
www.LunaLeseprofi.de ein.
Hole deine Familie, deine Freunde
und Lehrer dazu. Du kannst dann
noch mehr Spiele machen.
Viel Spaß! Deine Luna

Abenteuer und Spannung!

Wolfram Hänel
Sonne, Mond und Sterne – 2./3. Klasse
Irik, der Wikinger – Der große Sturm
ISBN 978-3-7891-0657-6

Manfred Mai
Sonne, Mond und Sterne – 2./3. Klasse
Verrat auf Burg Hohenstein
ISBN 978-3-7891-0645-3

Irik hofft, dass der Händler ihm von seiner Reise einen Hund mitbringt. Doch dann bringt ein Sturm das Schiff in Gefahr.

Martin, der Küchenjunge, und Siegfried, der Neffe des Burgherrn, wollen die Burg Hohenstein retten.

Oetinger

Mit Lesespielen im Internet. Lesepatenmodell für Lehrer und Eltern.
www.LunaLeseprofi.de *und* **www.oetinger.de**